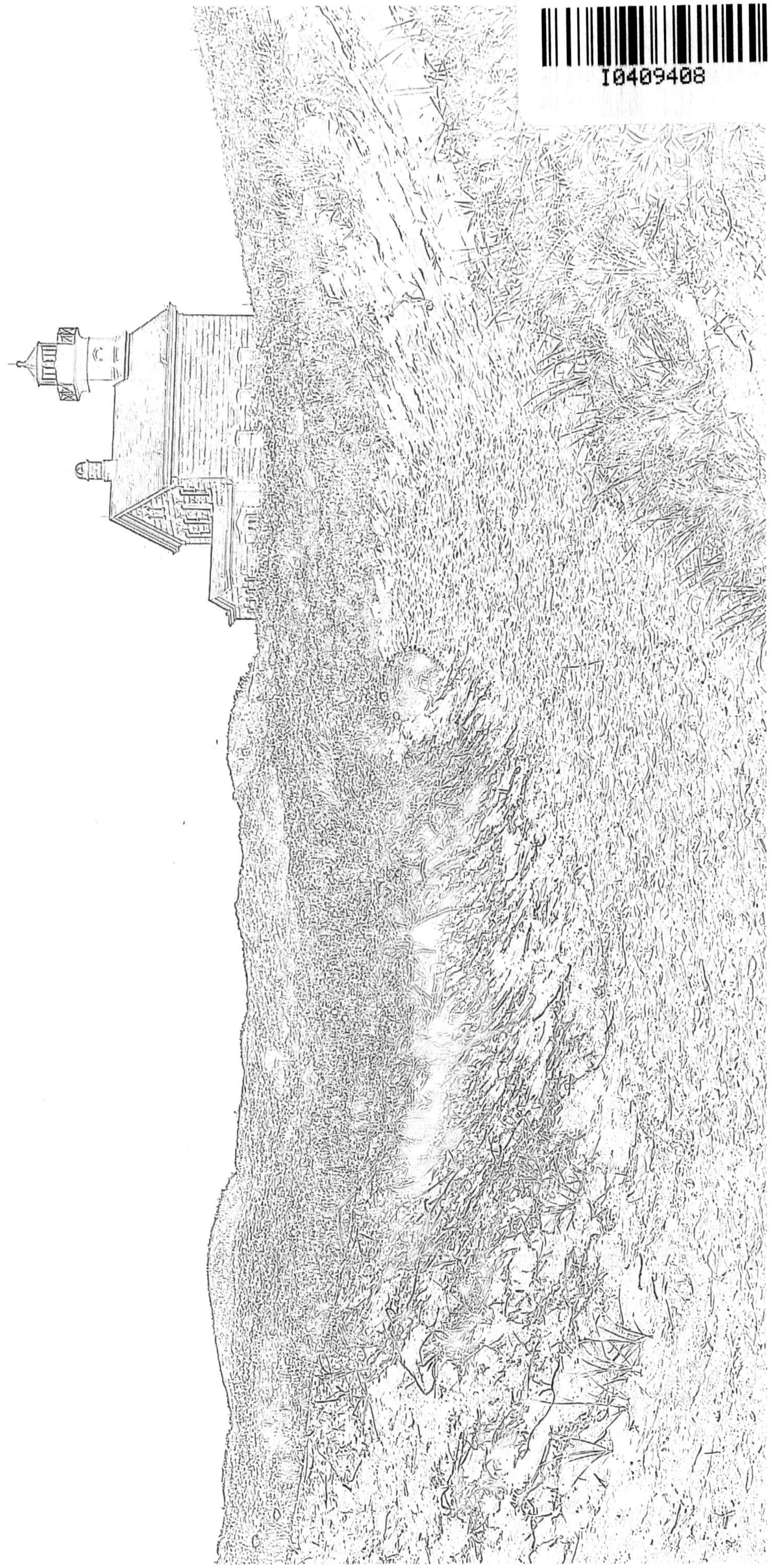

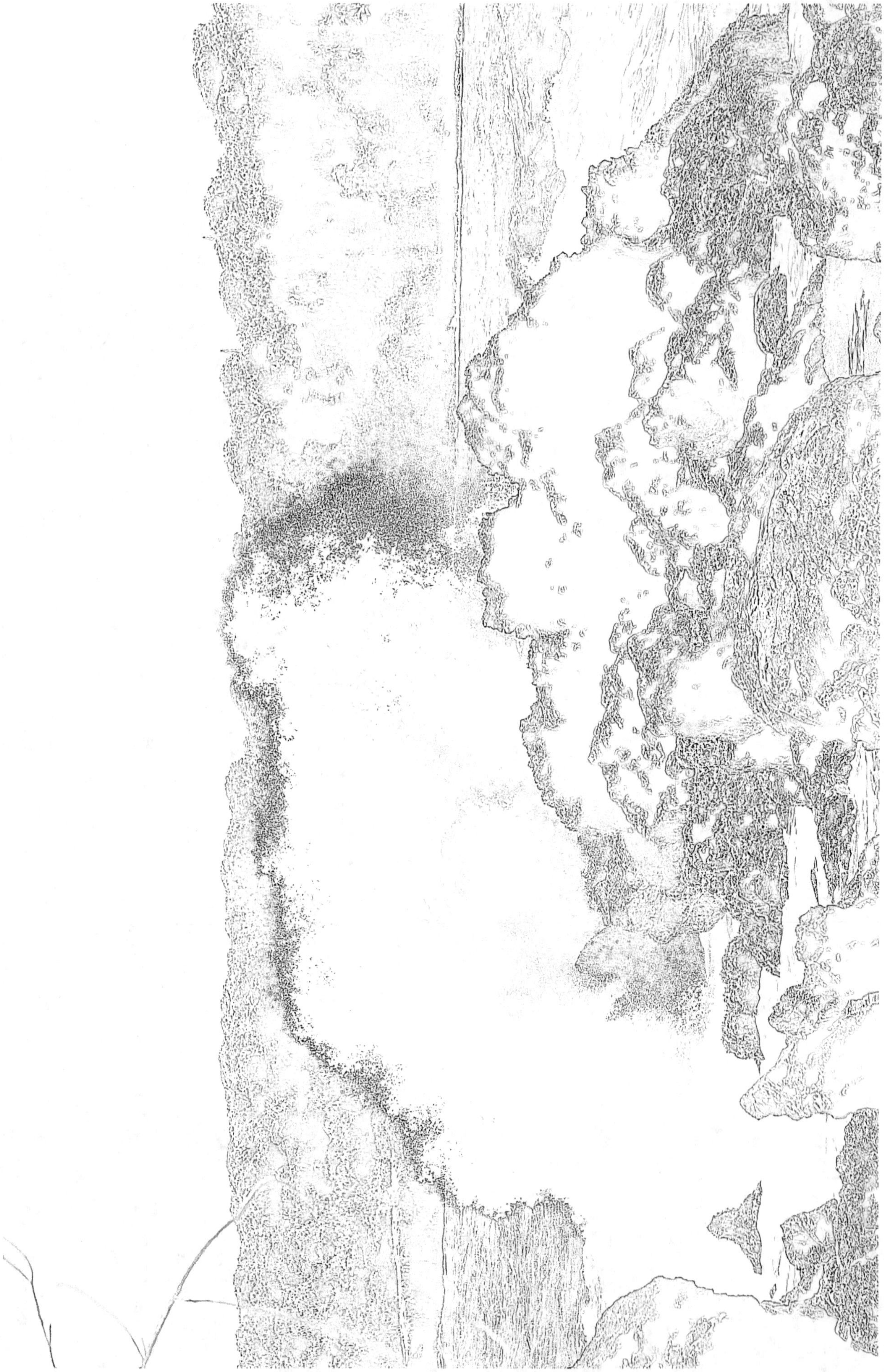

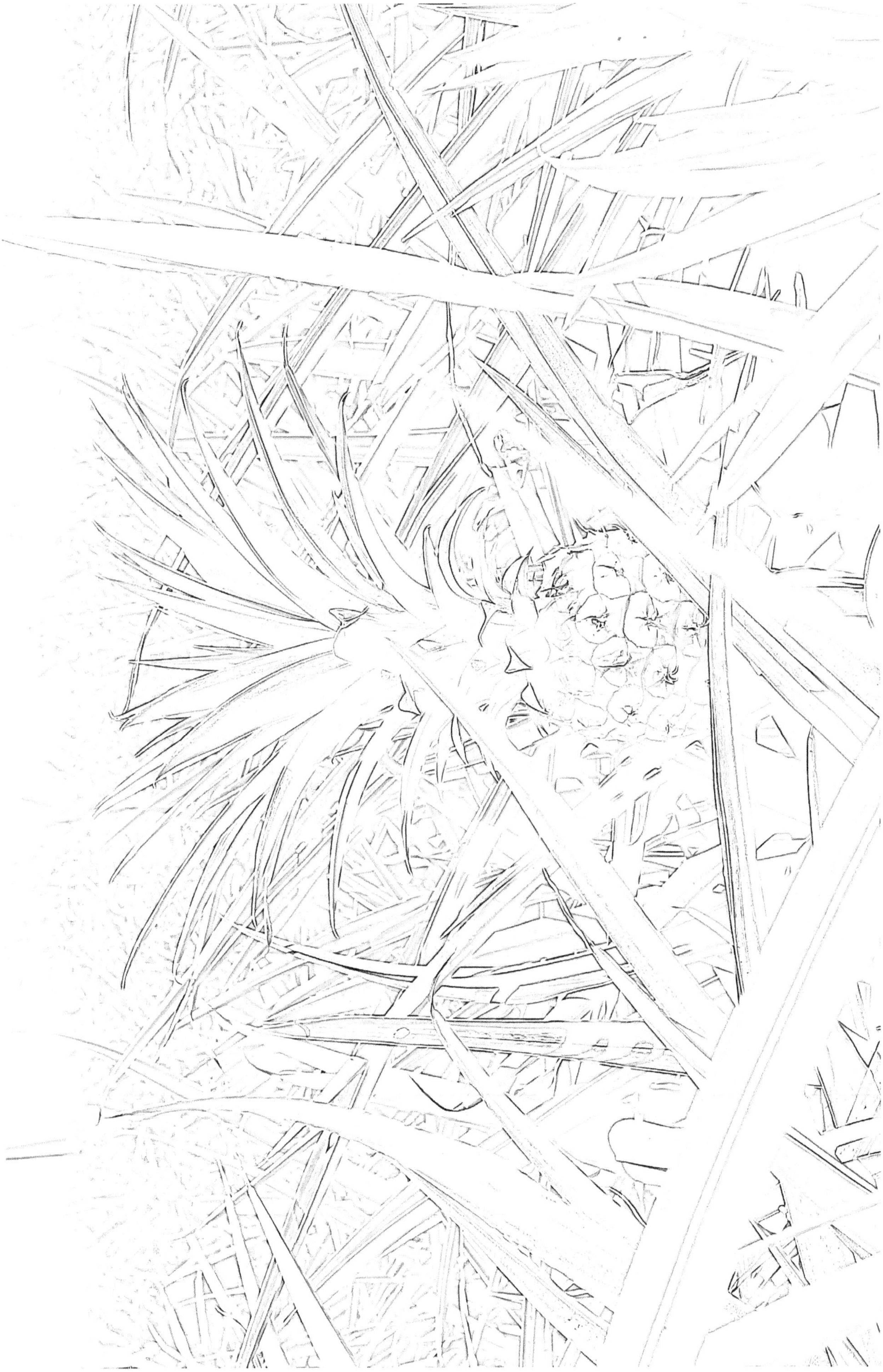

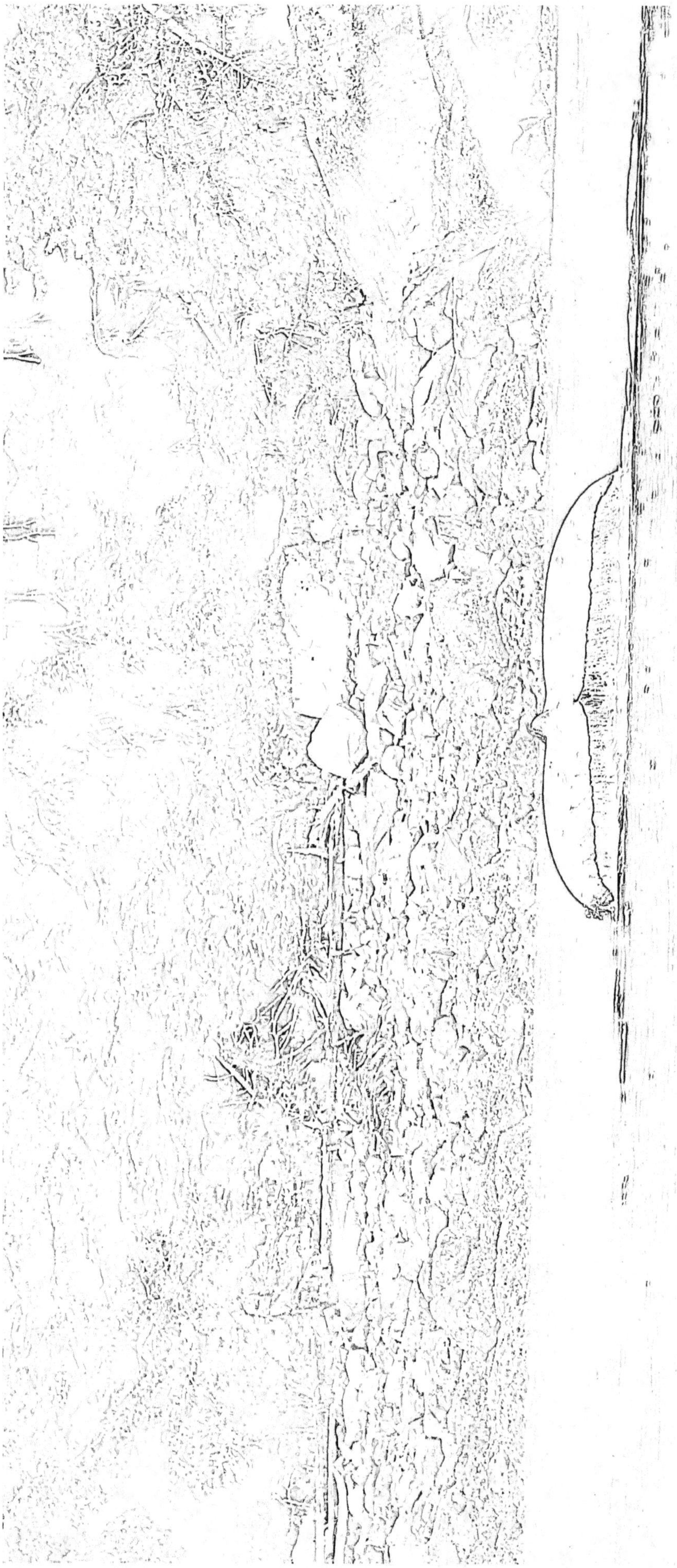

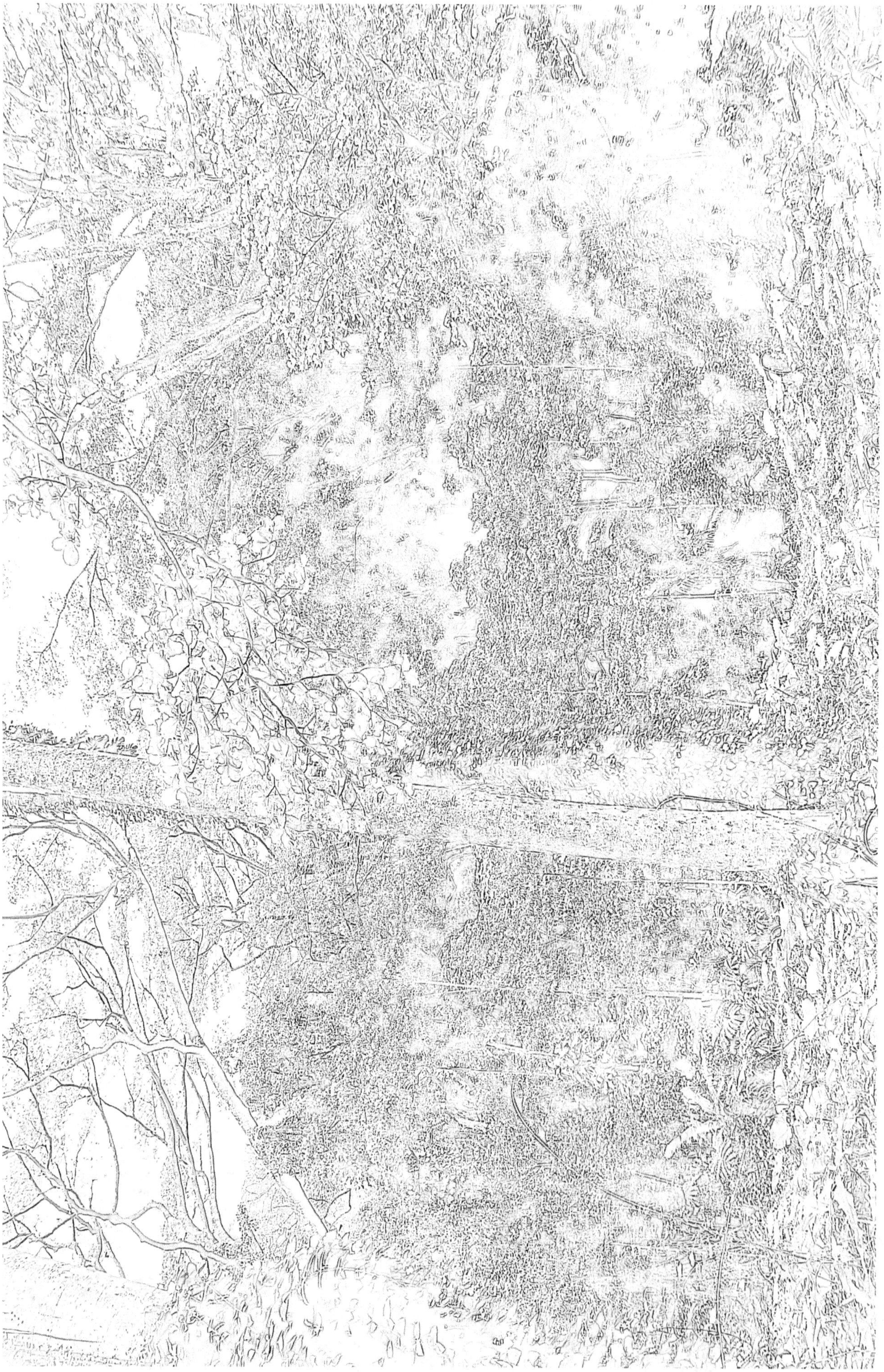

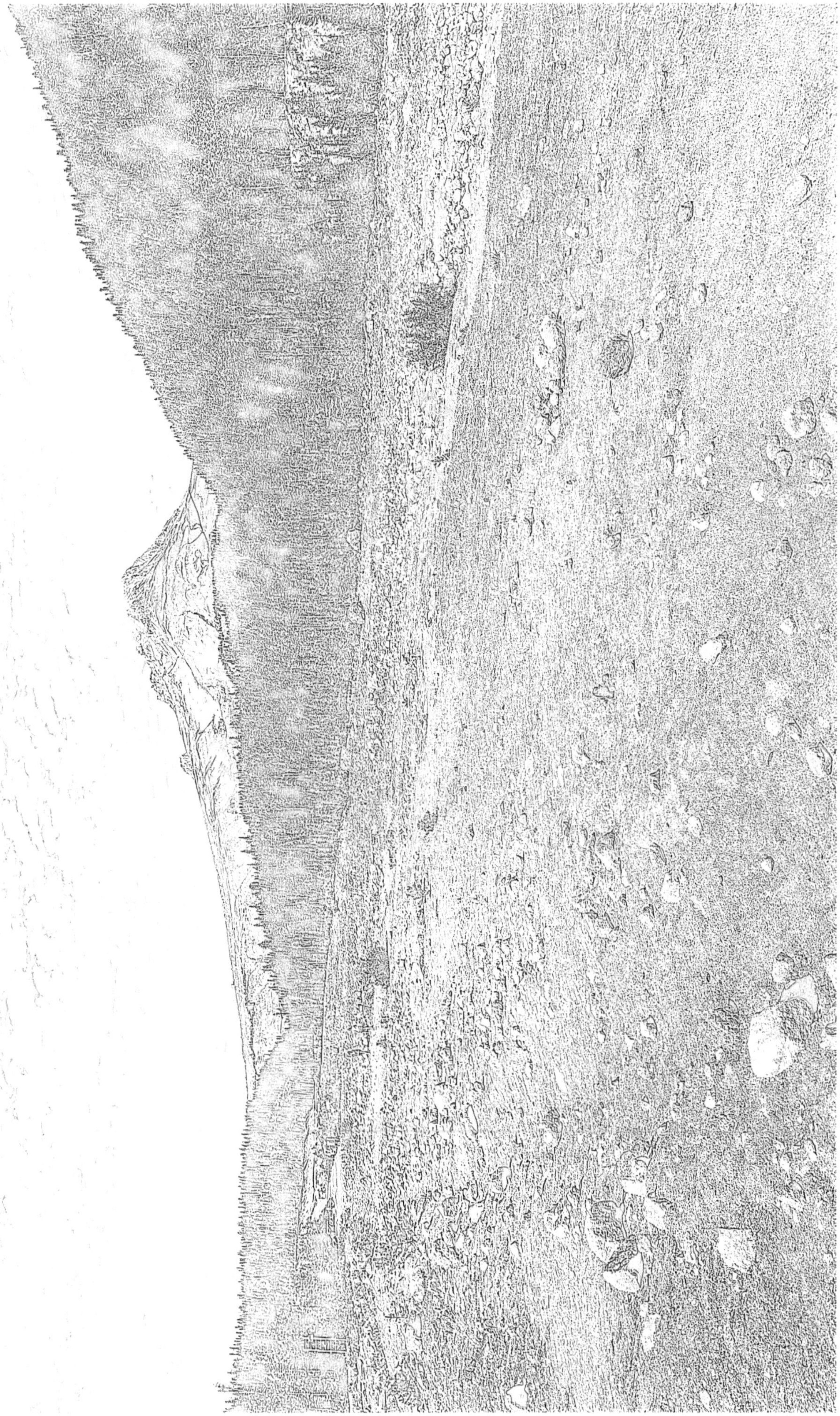

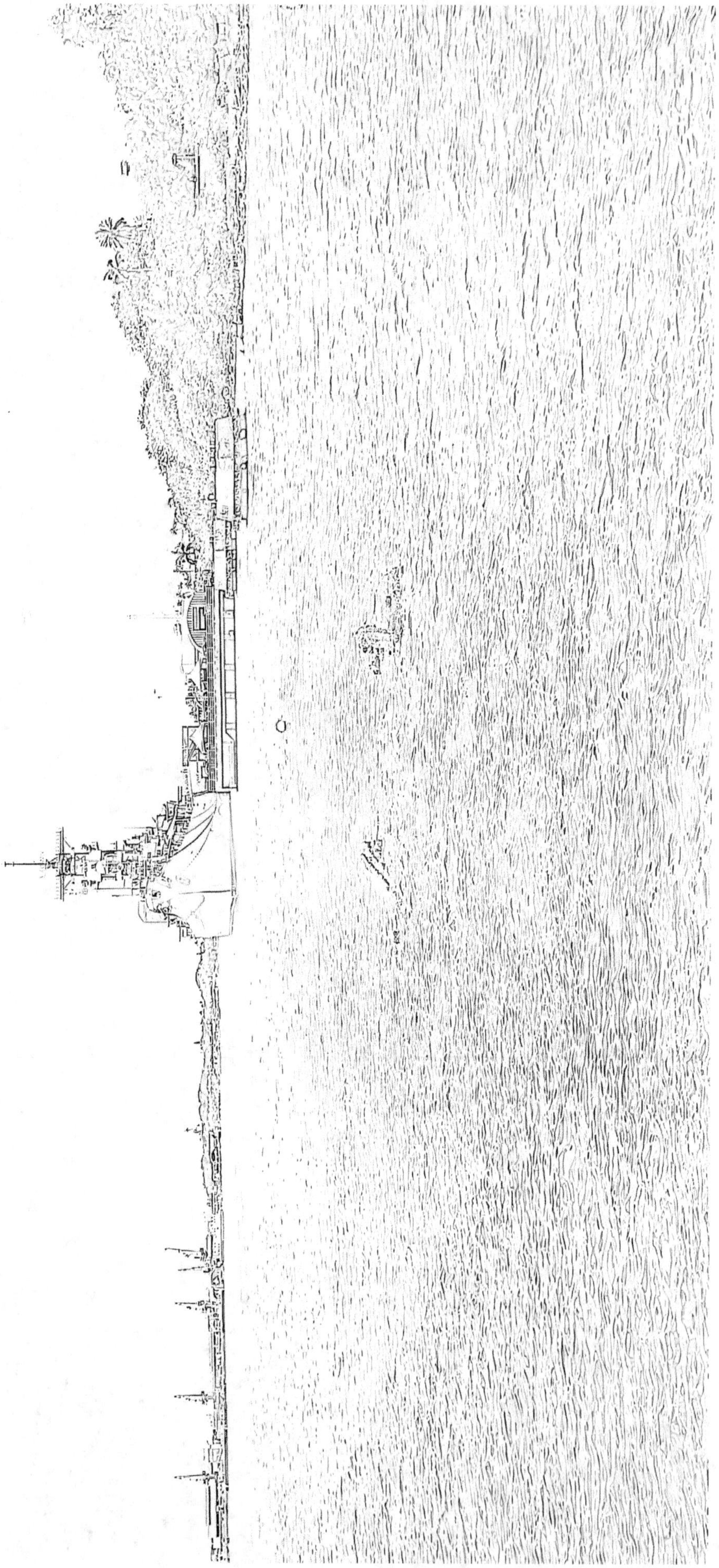

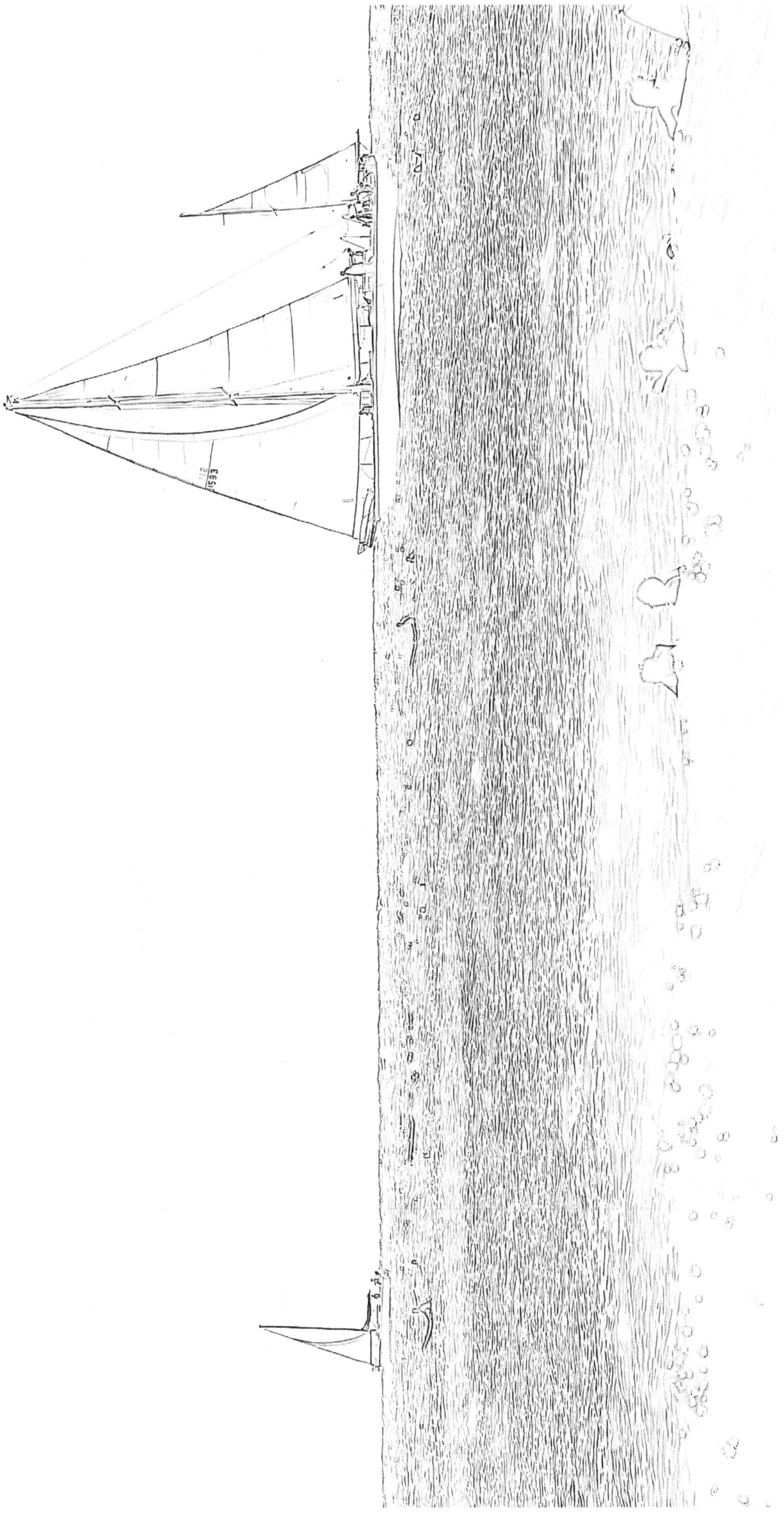

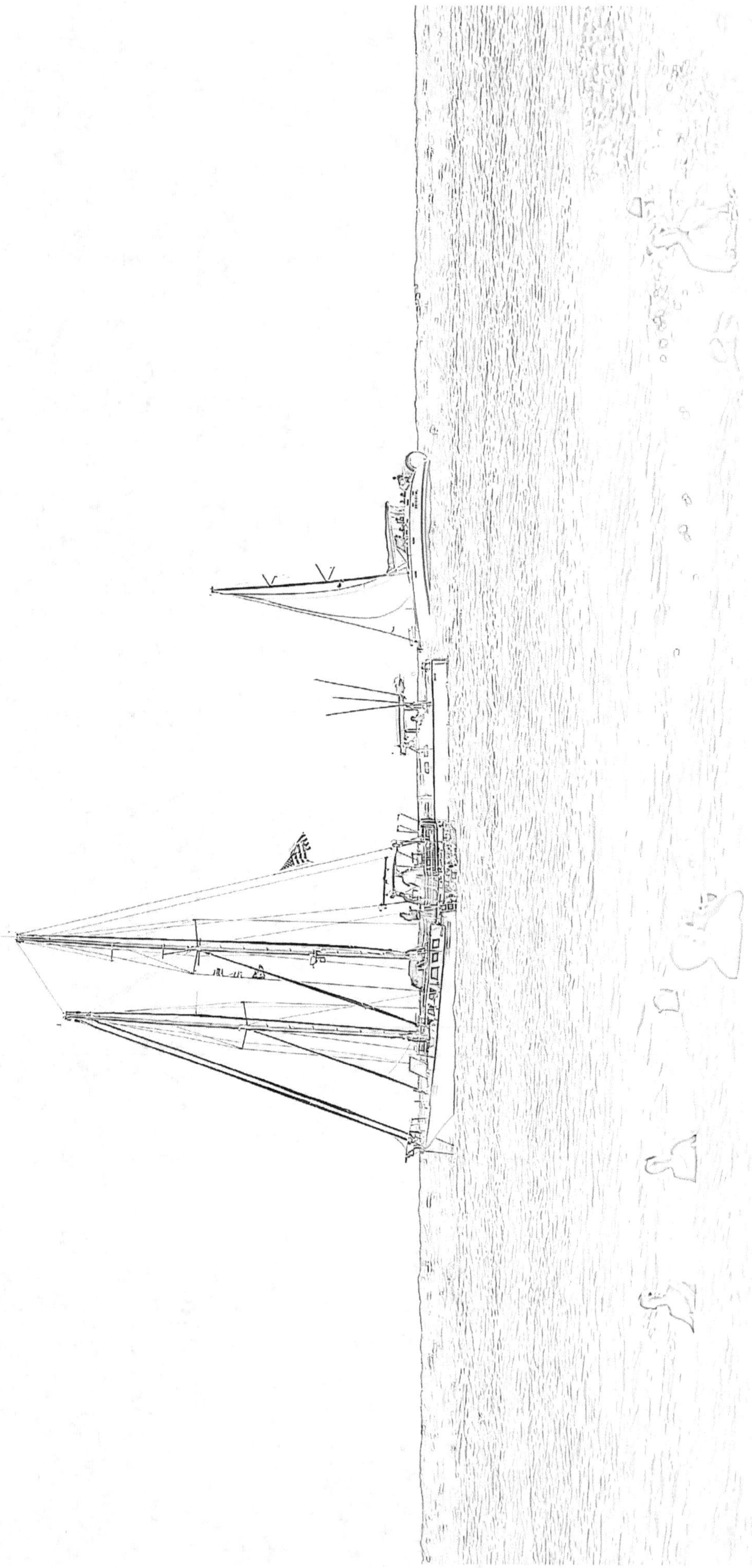

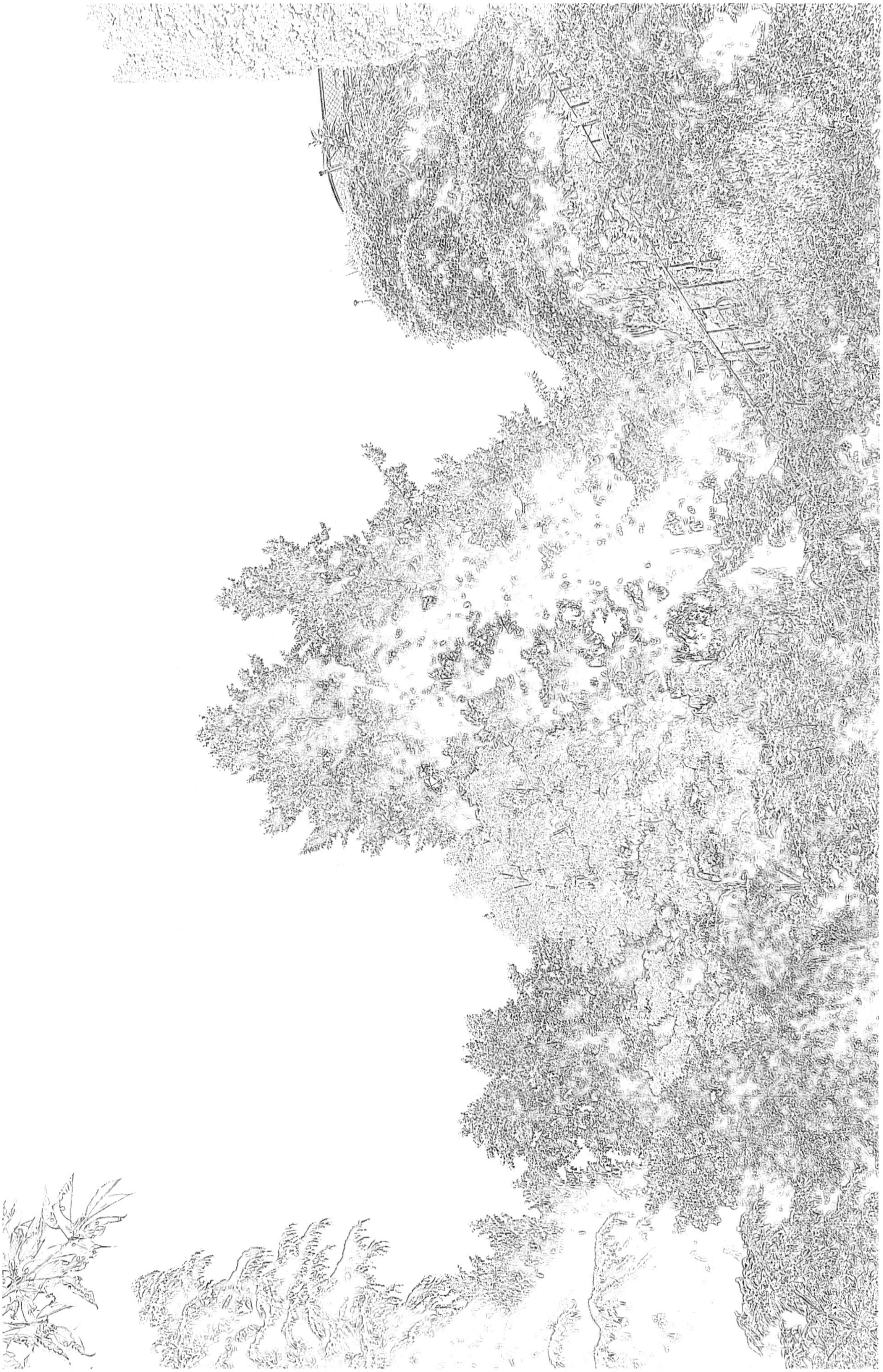

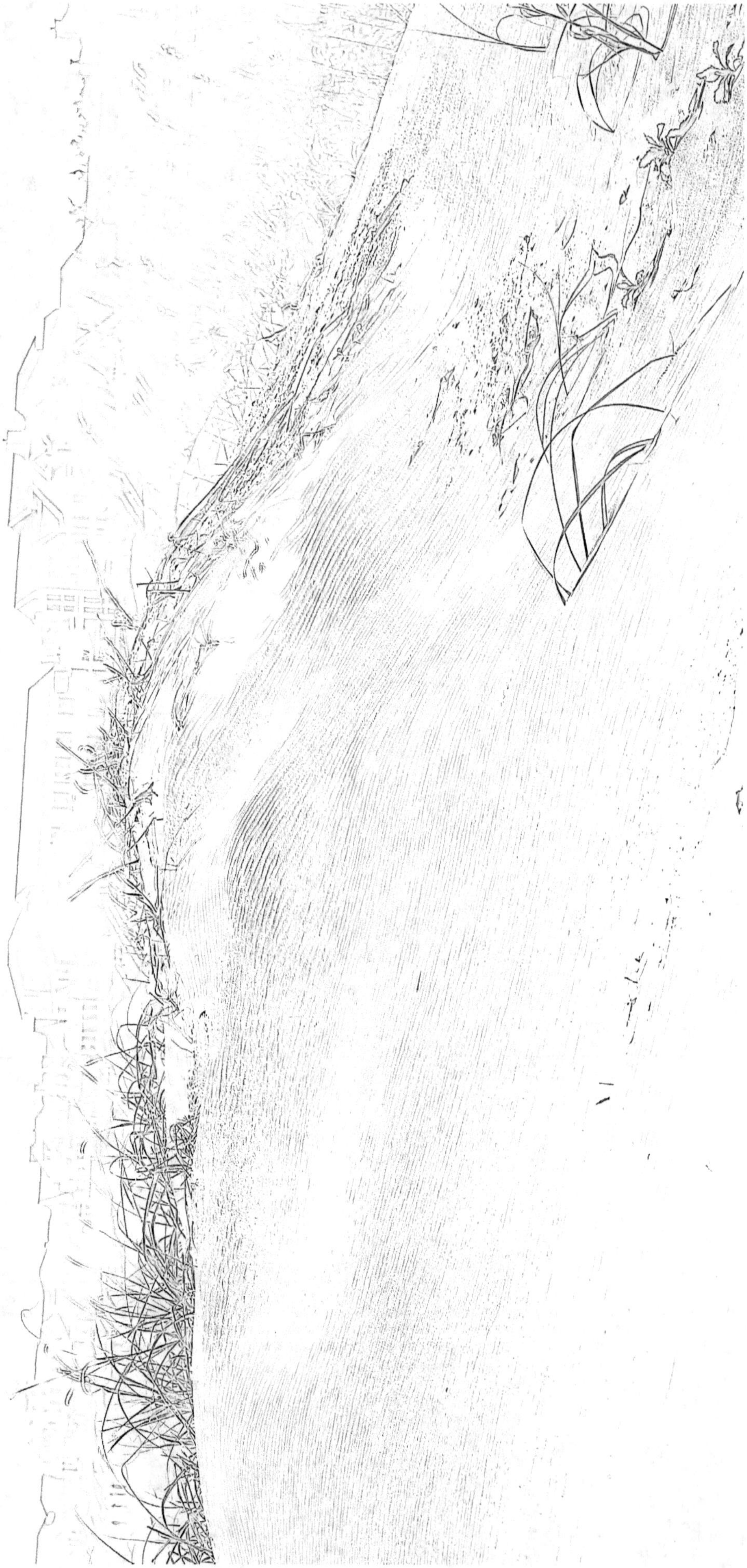

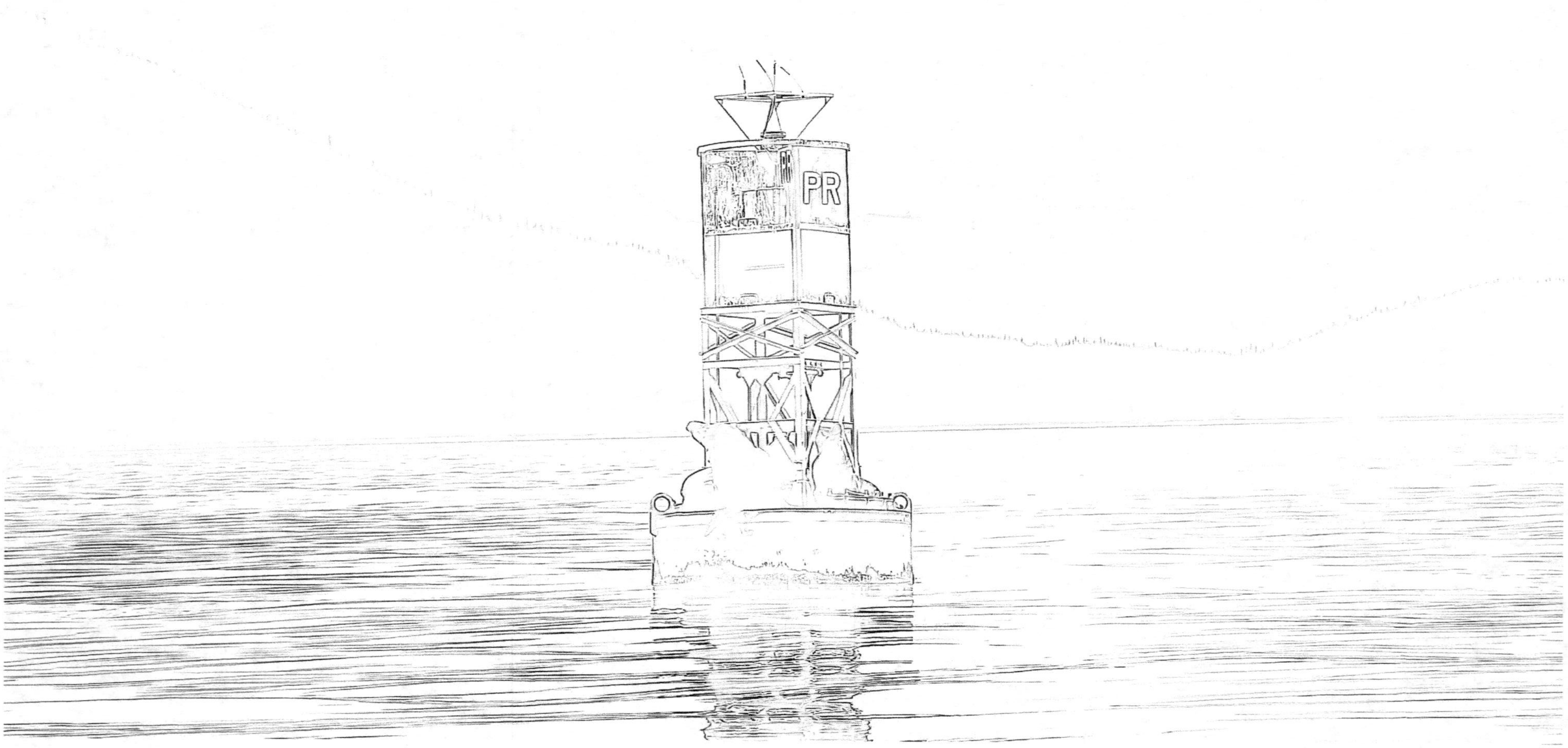
PR

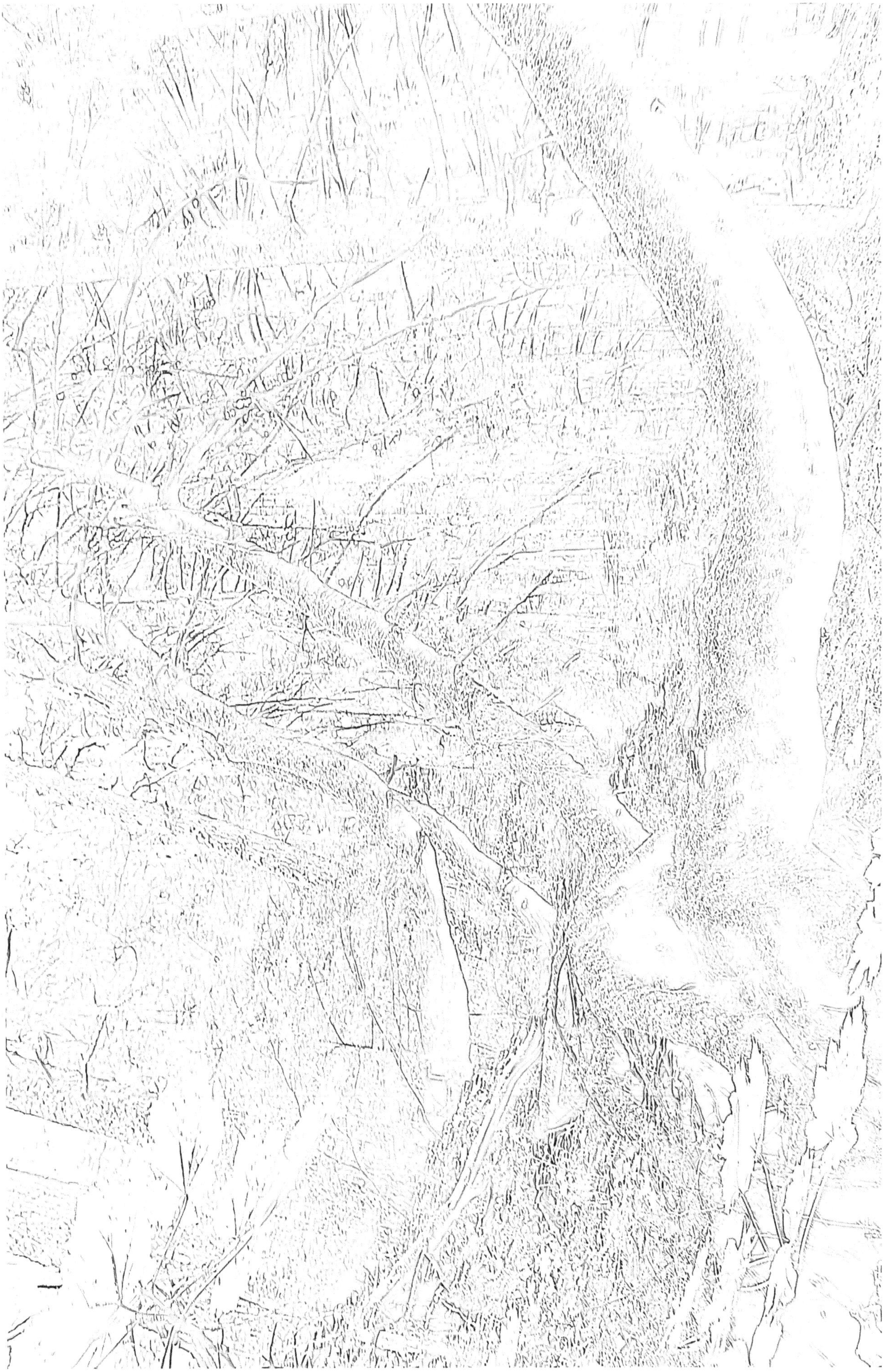

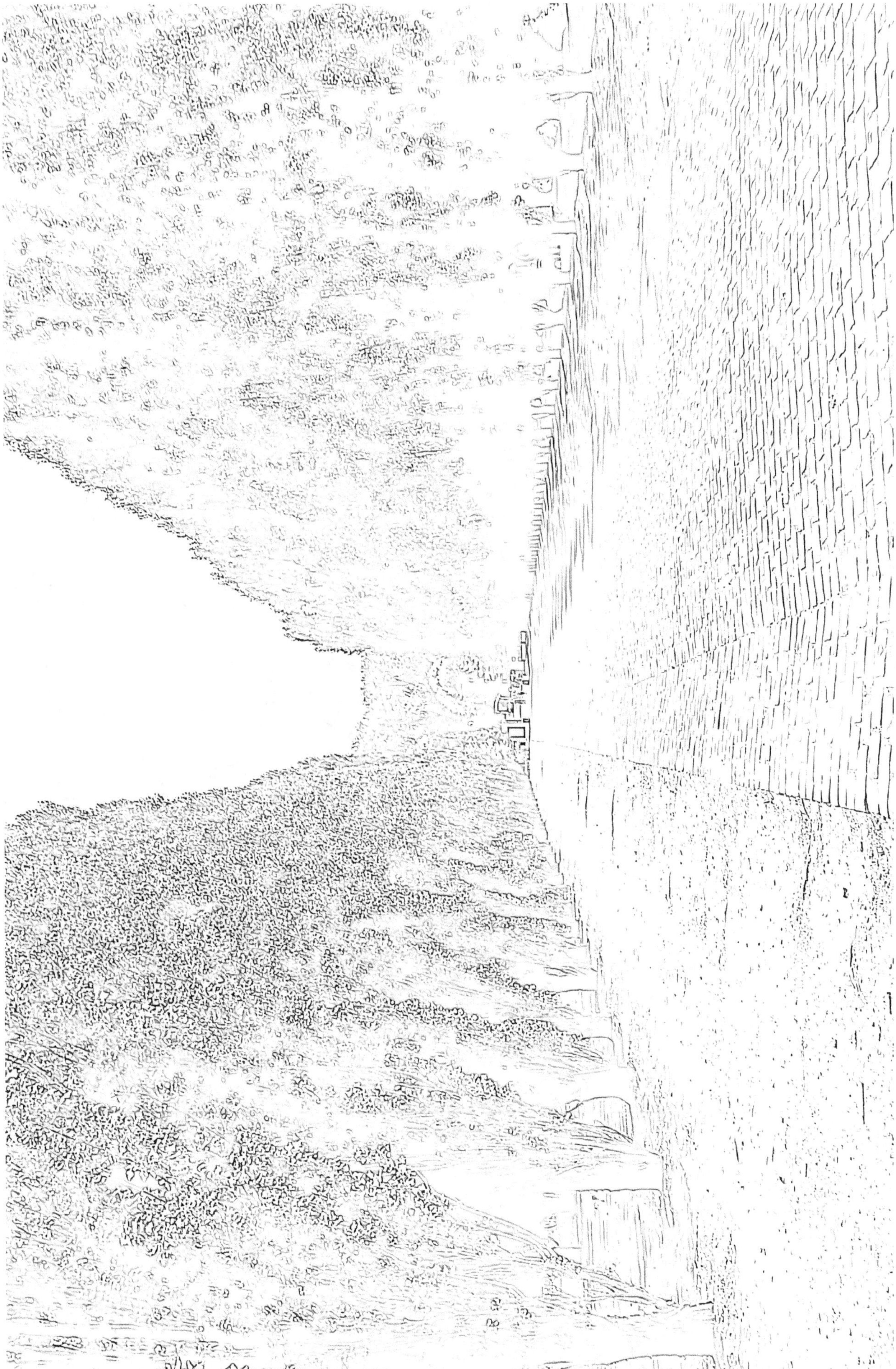

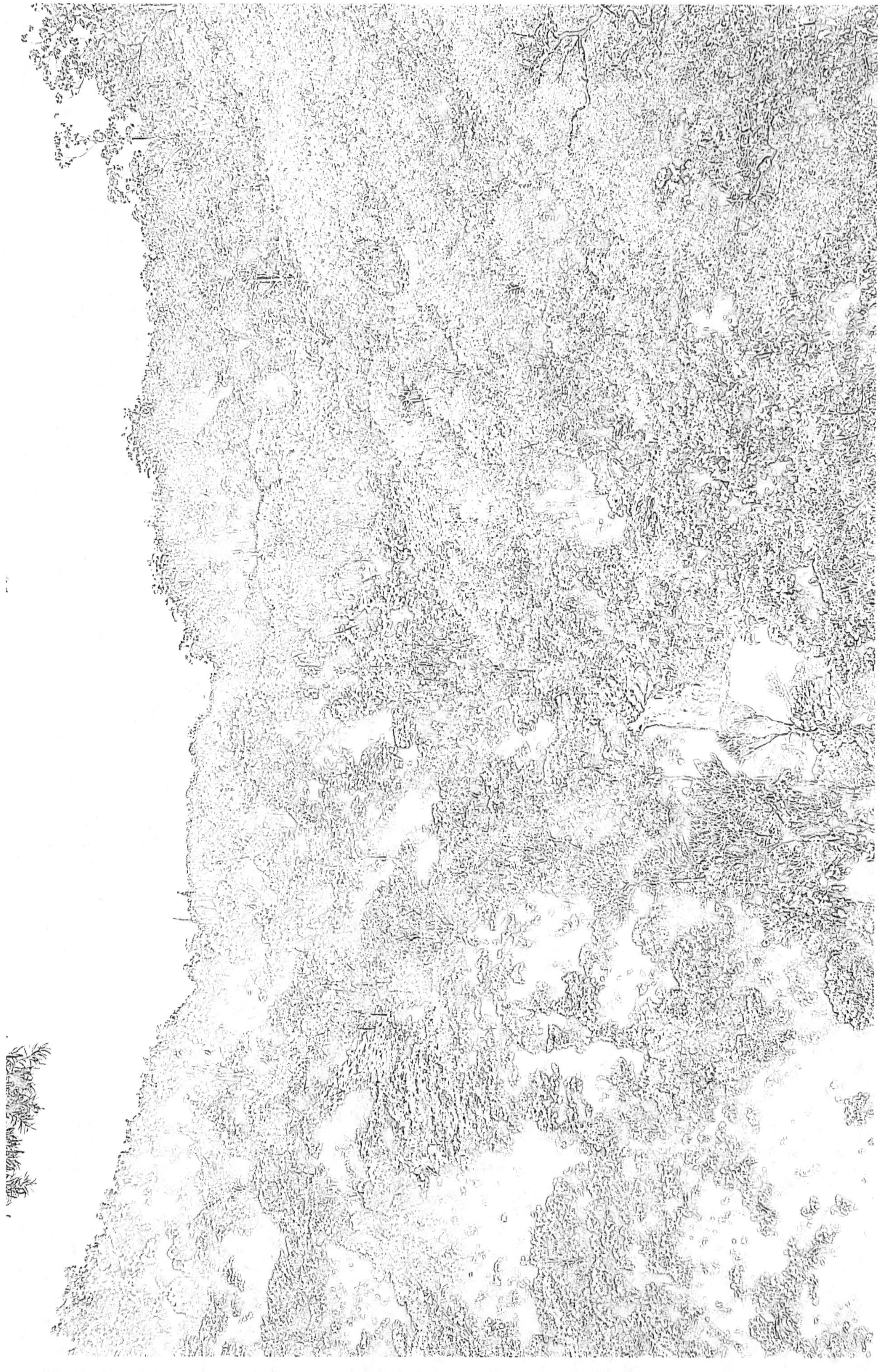

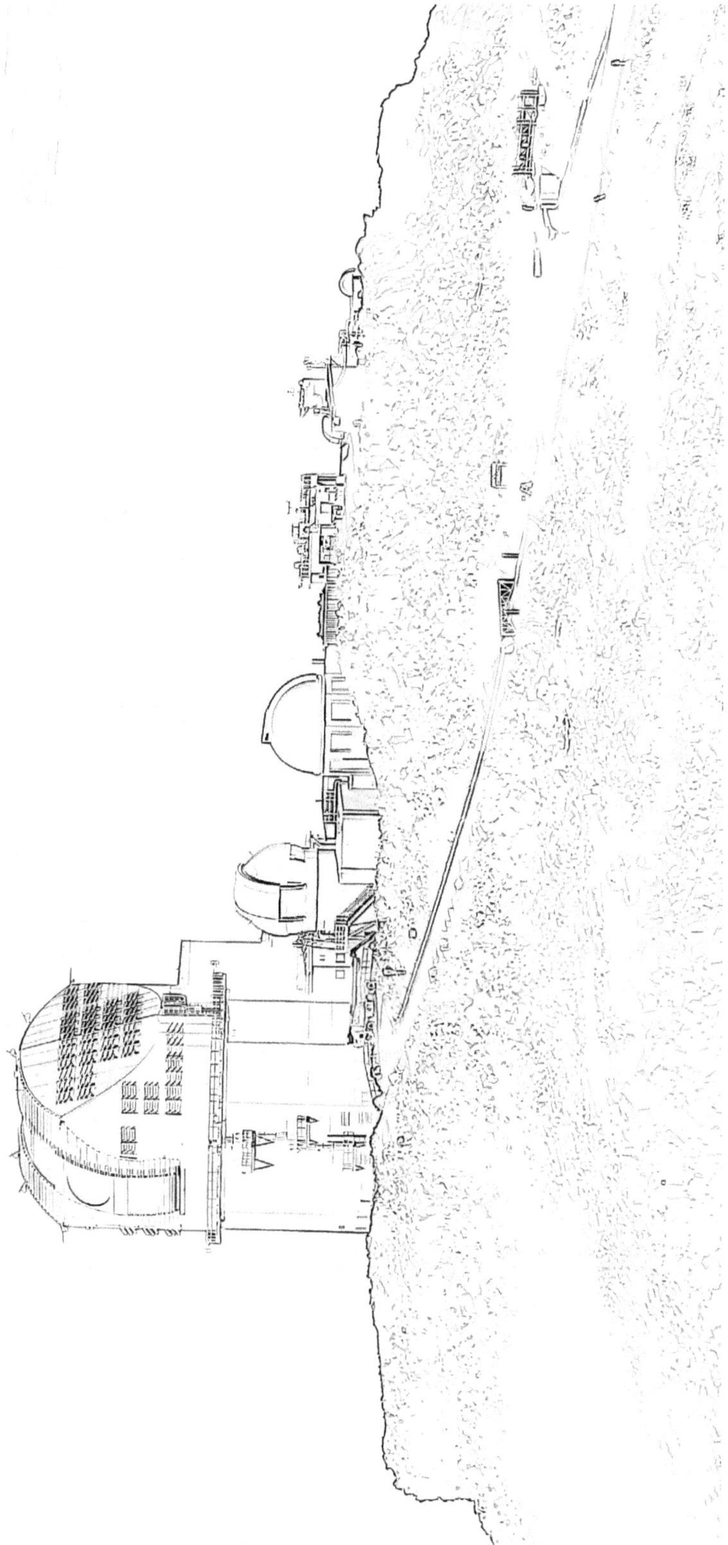

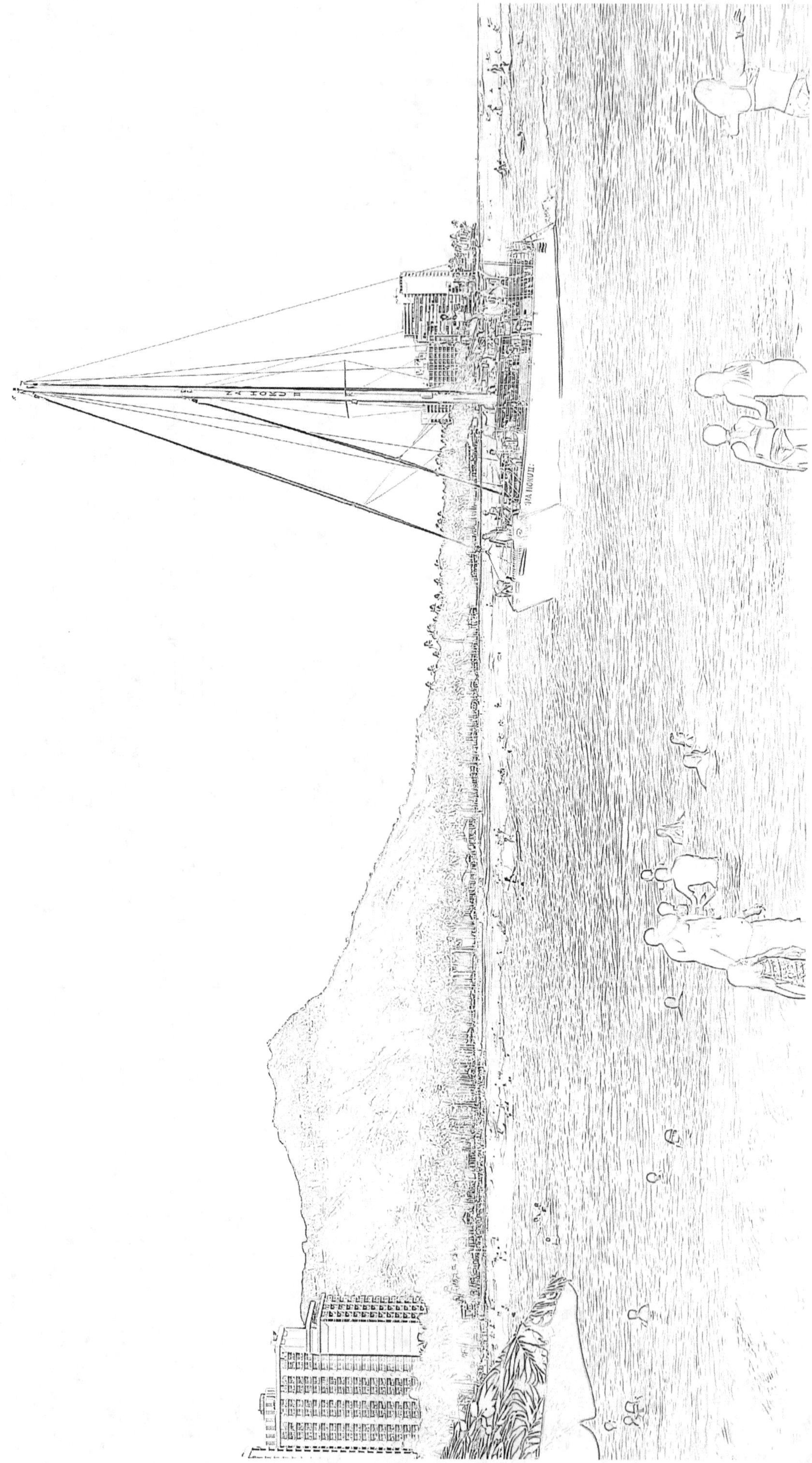

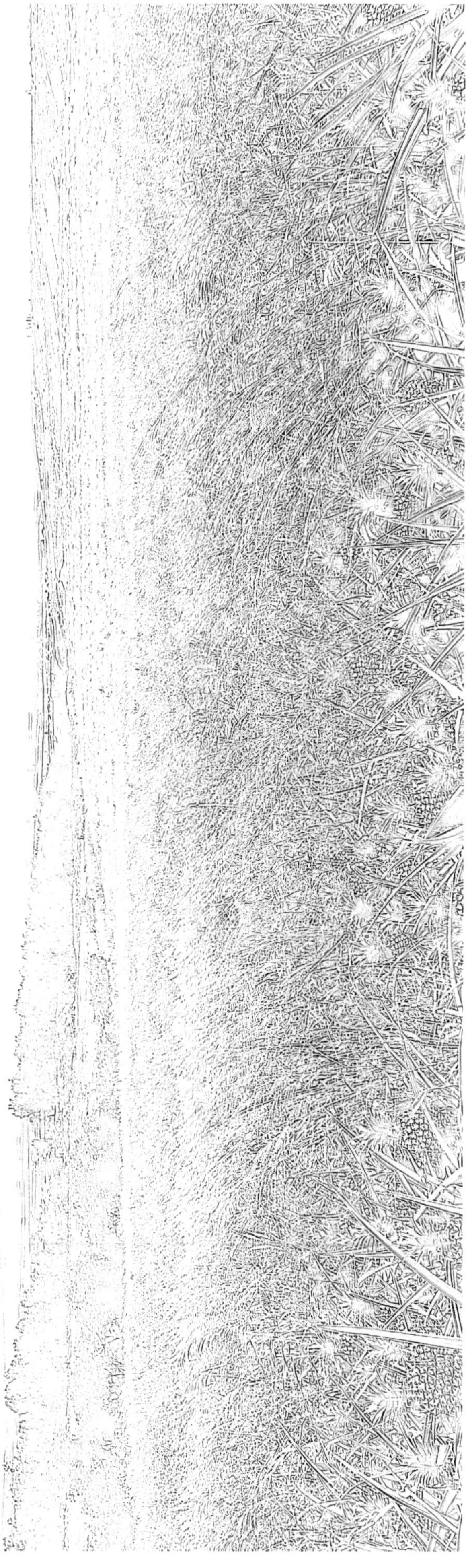

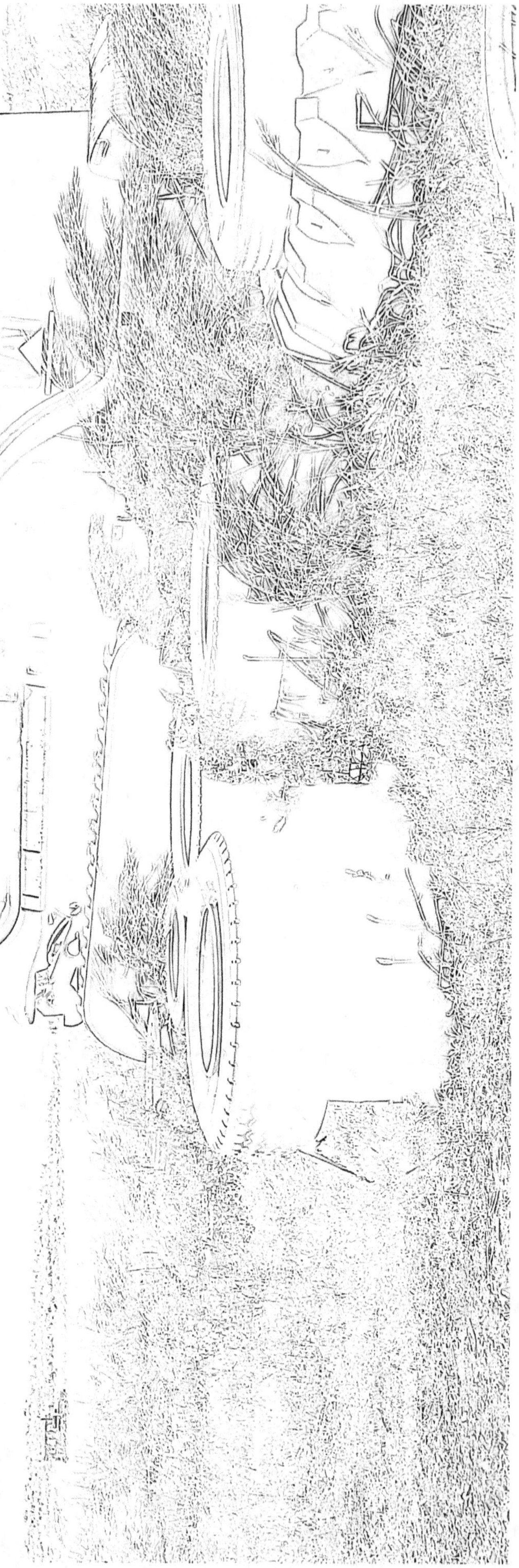

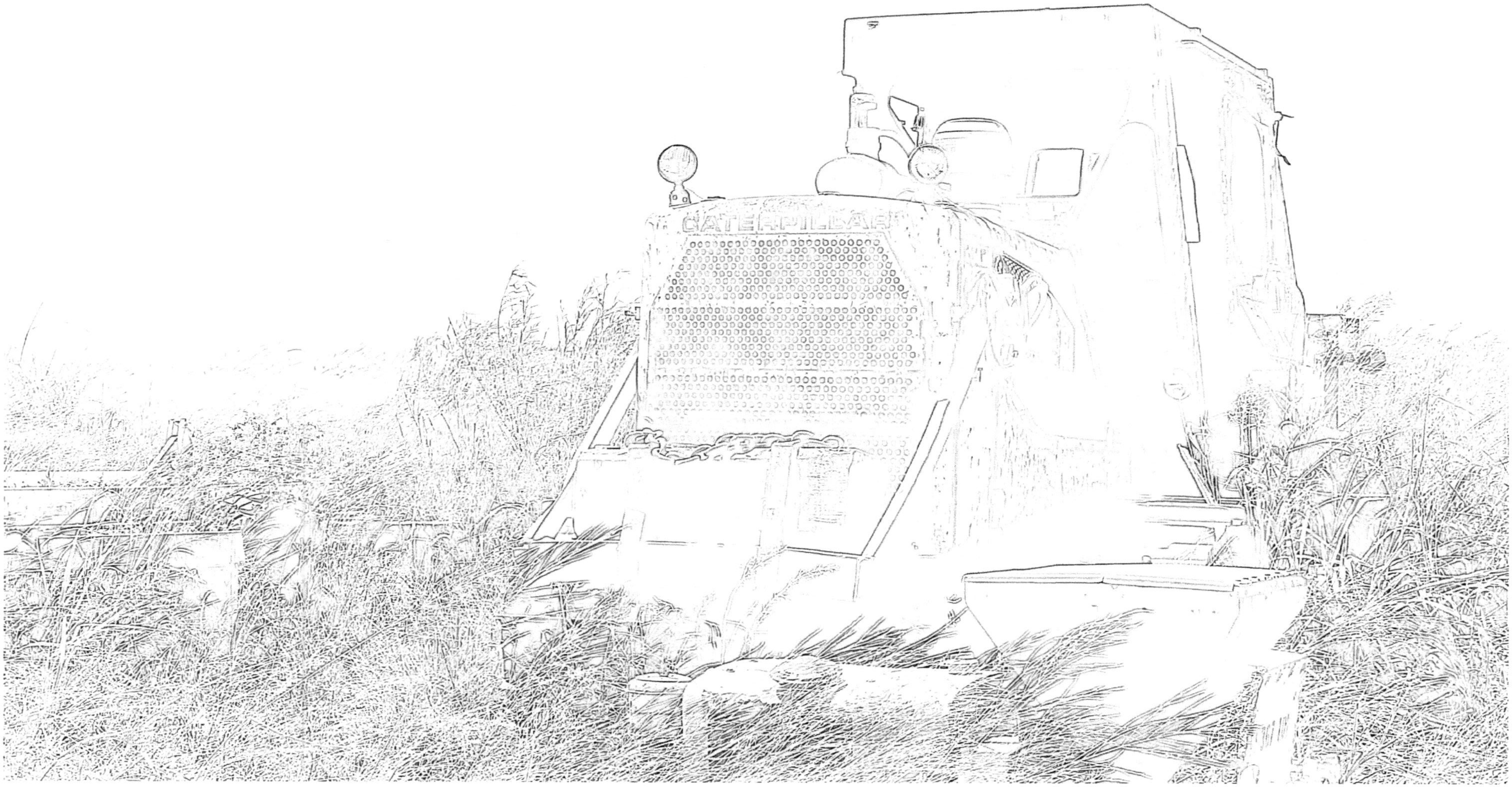
CATERPILLAR

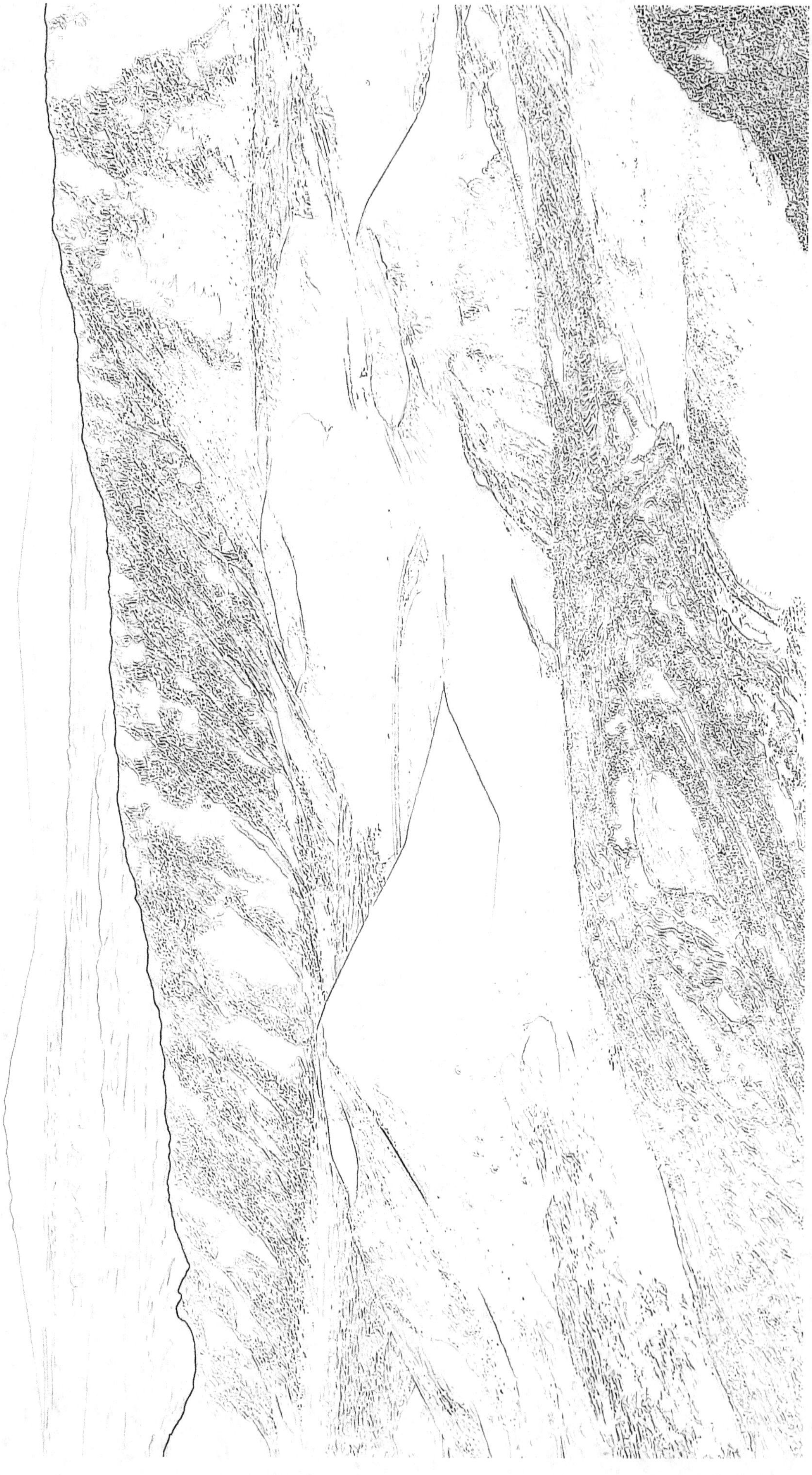

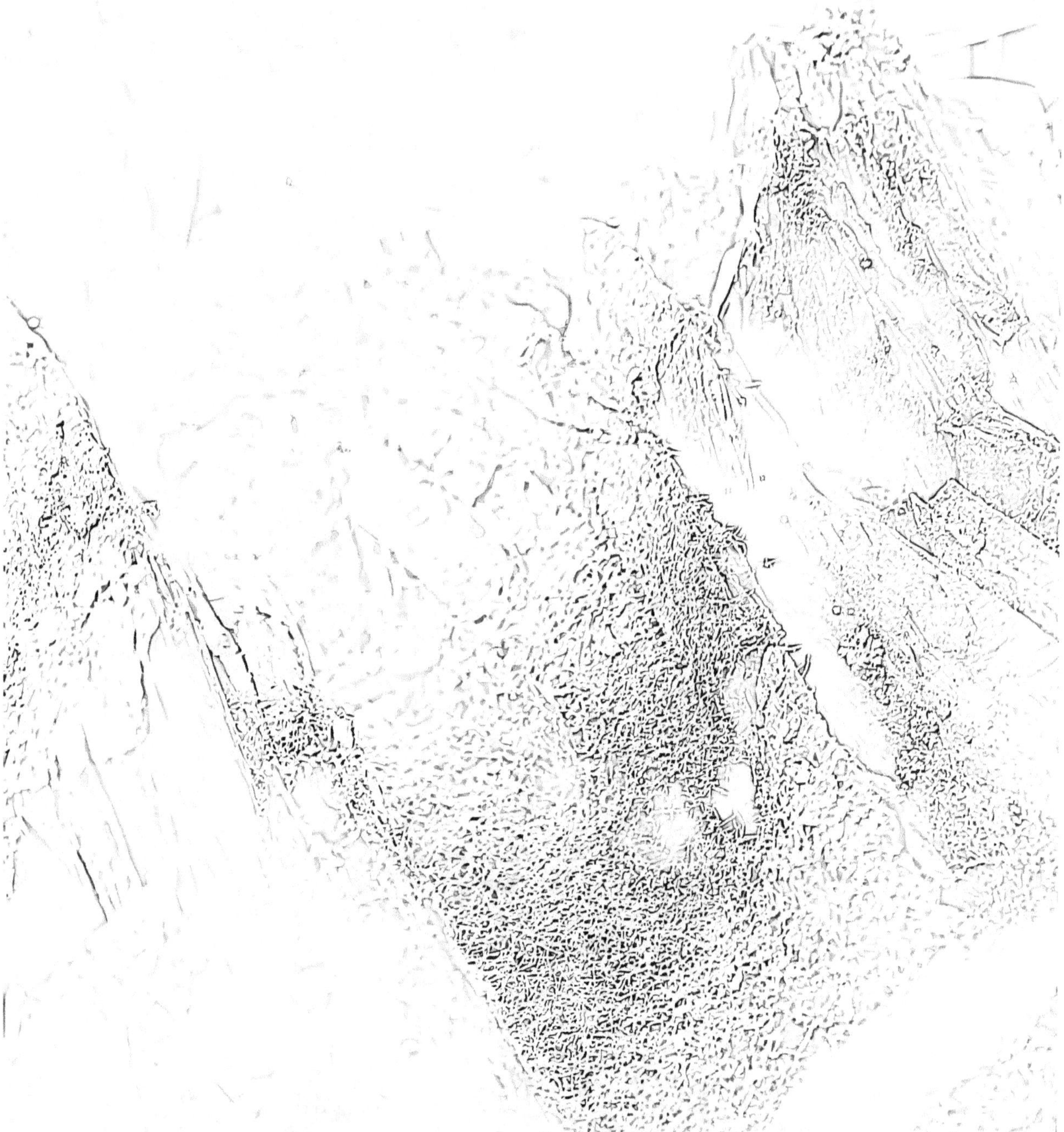

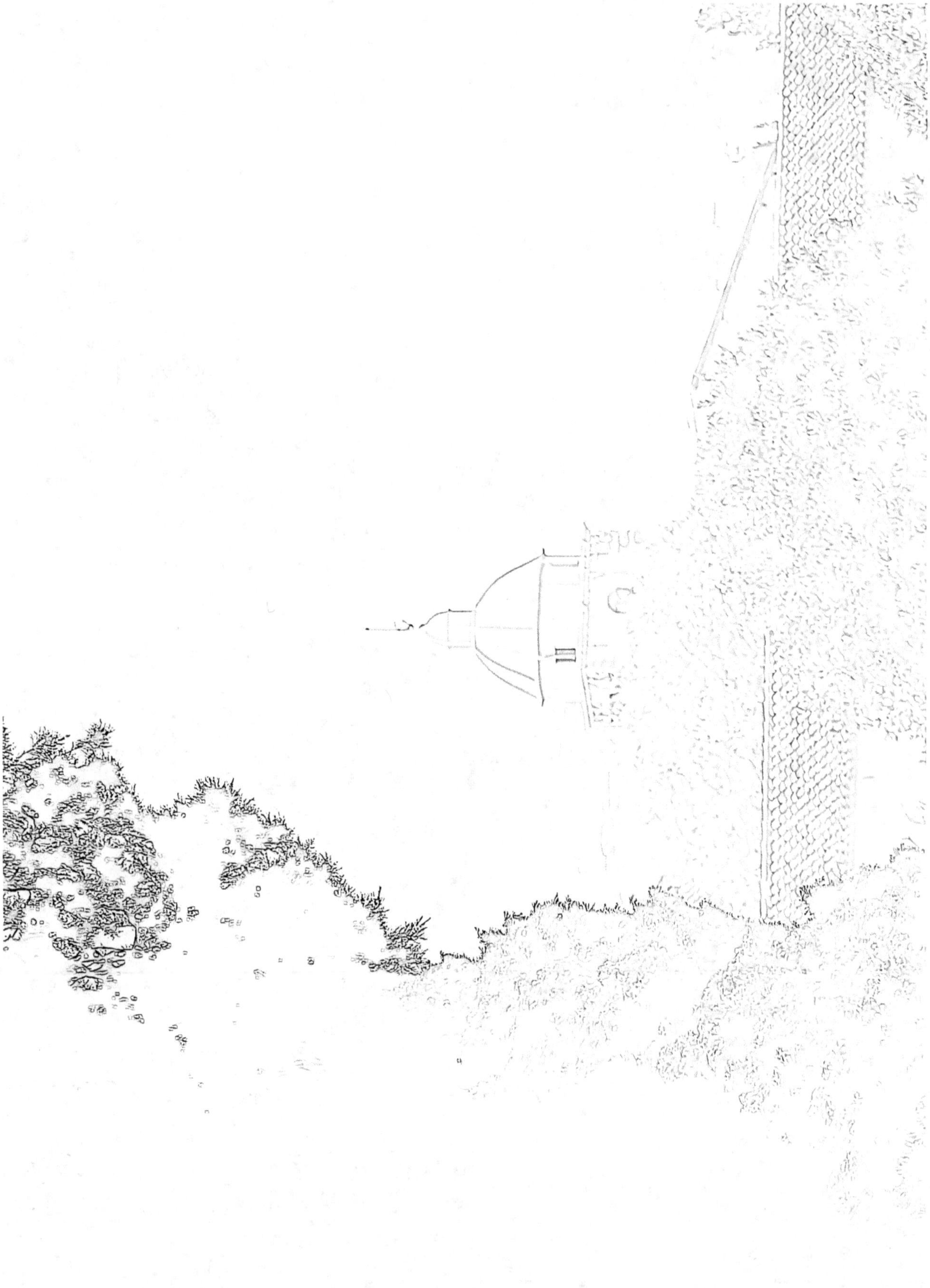

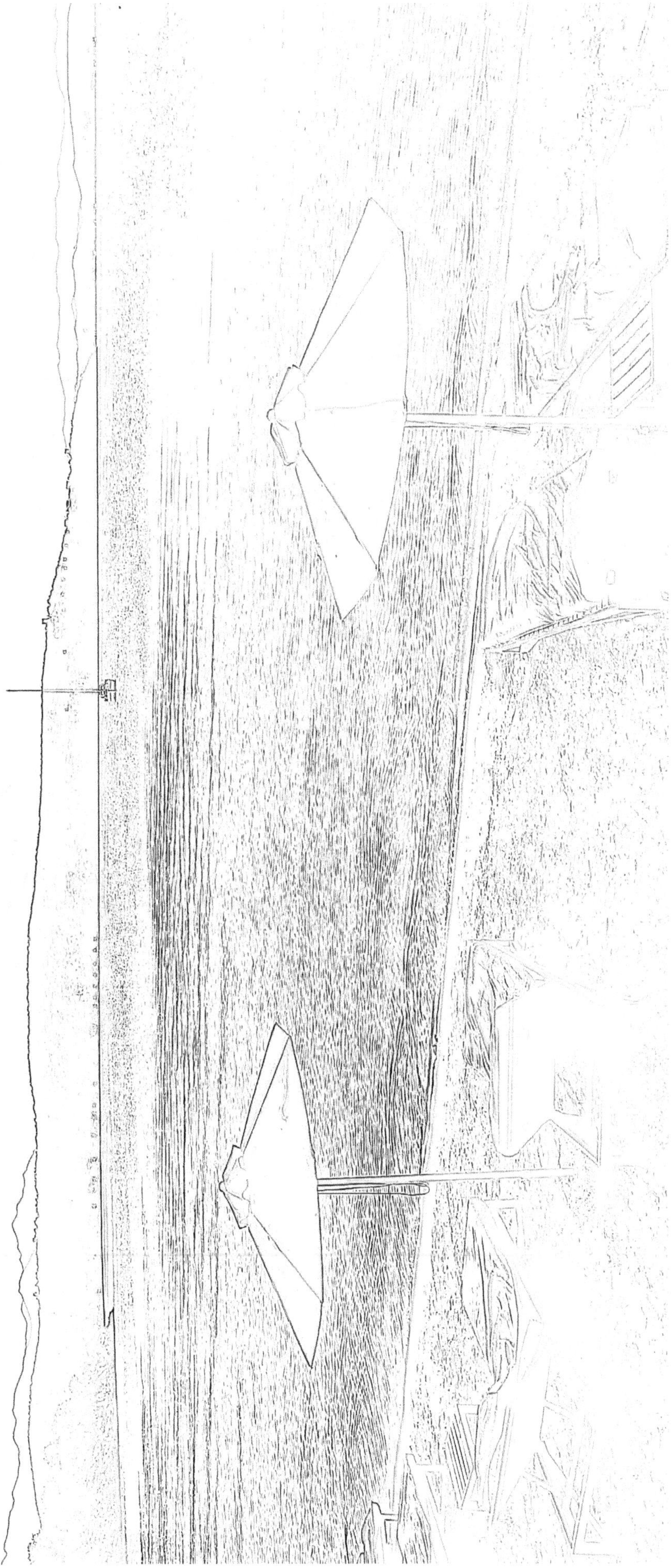

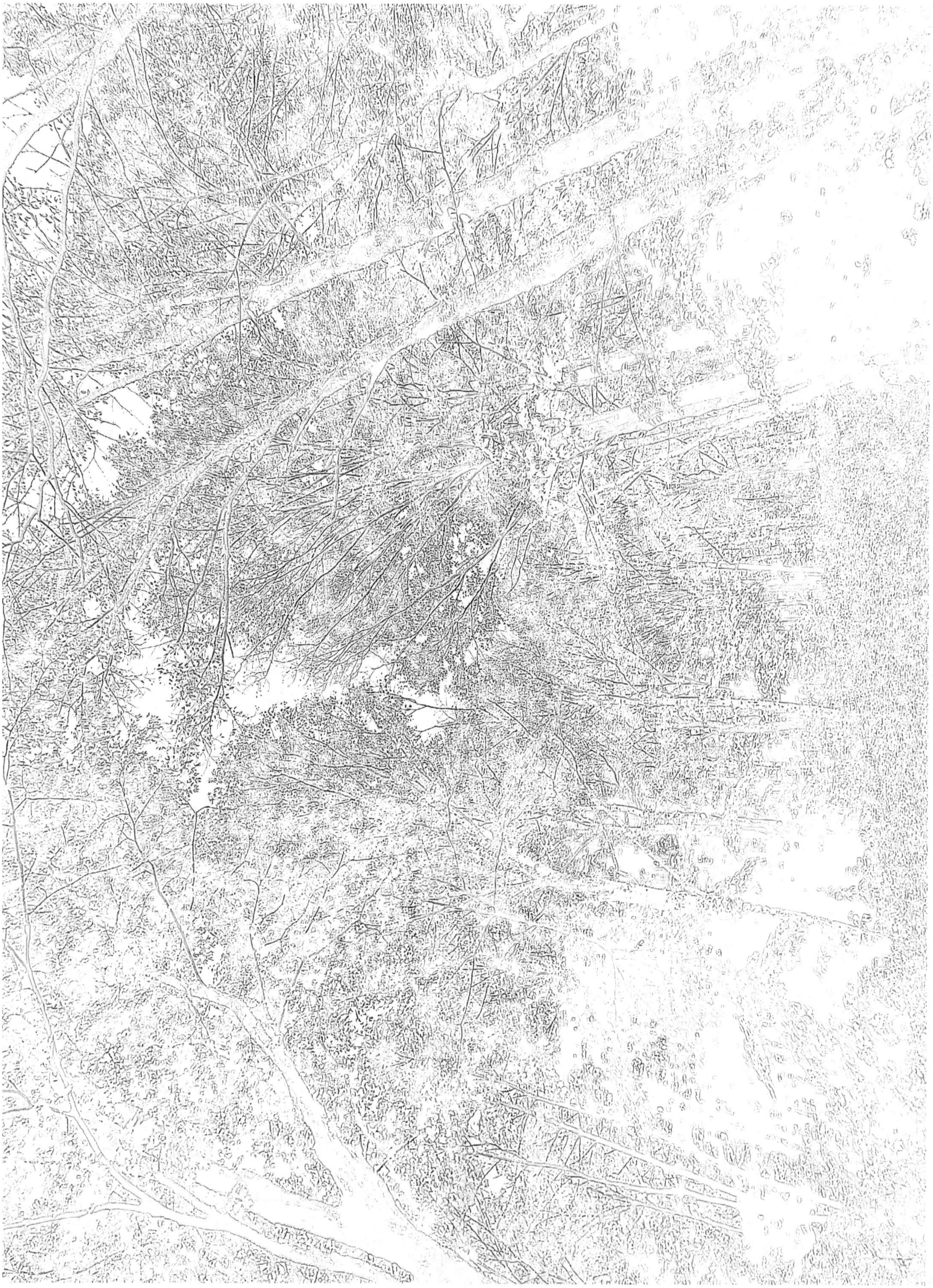

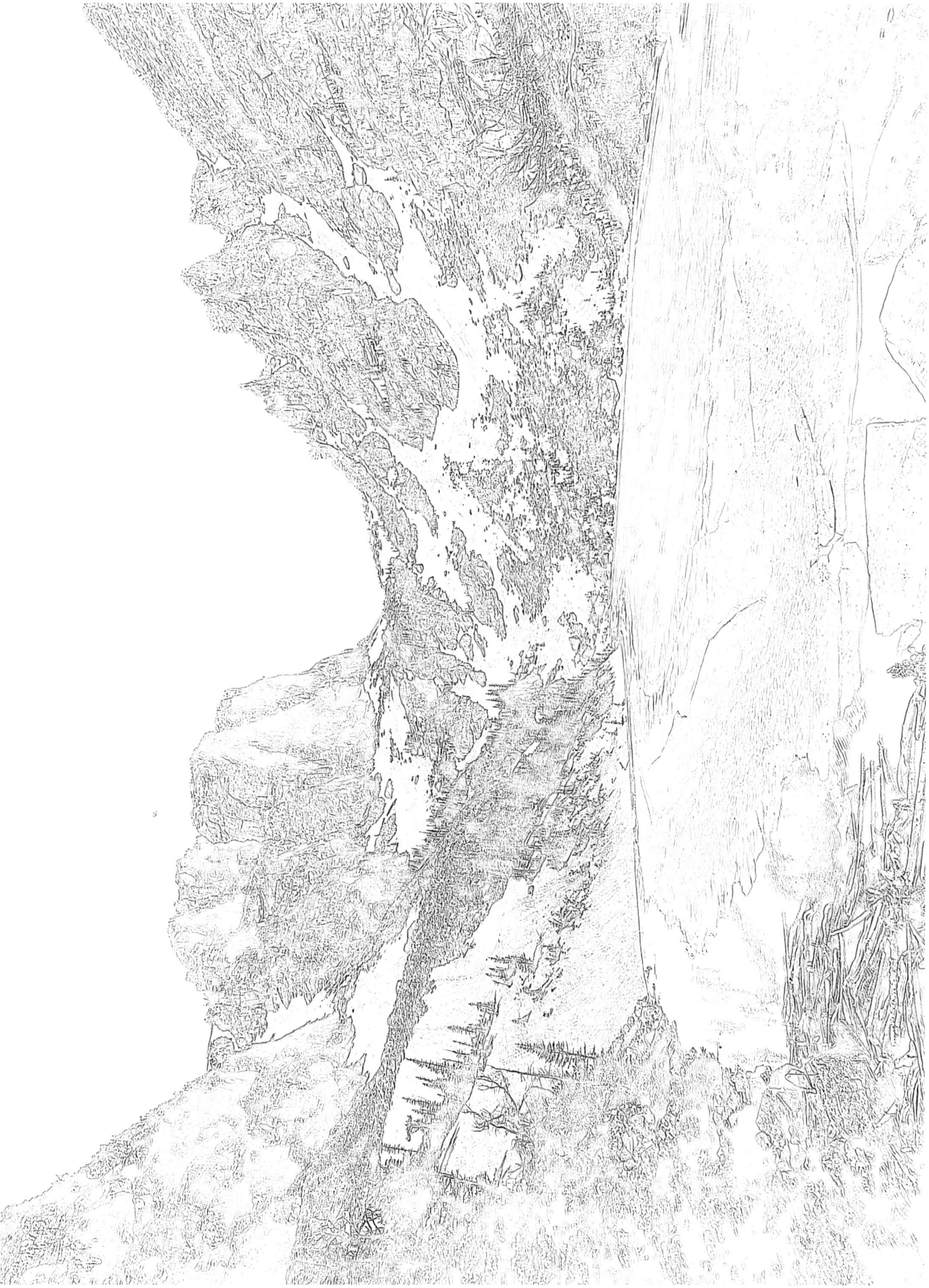

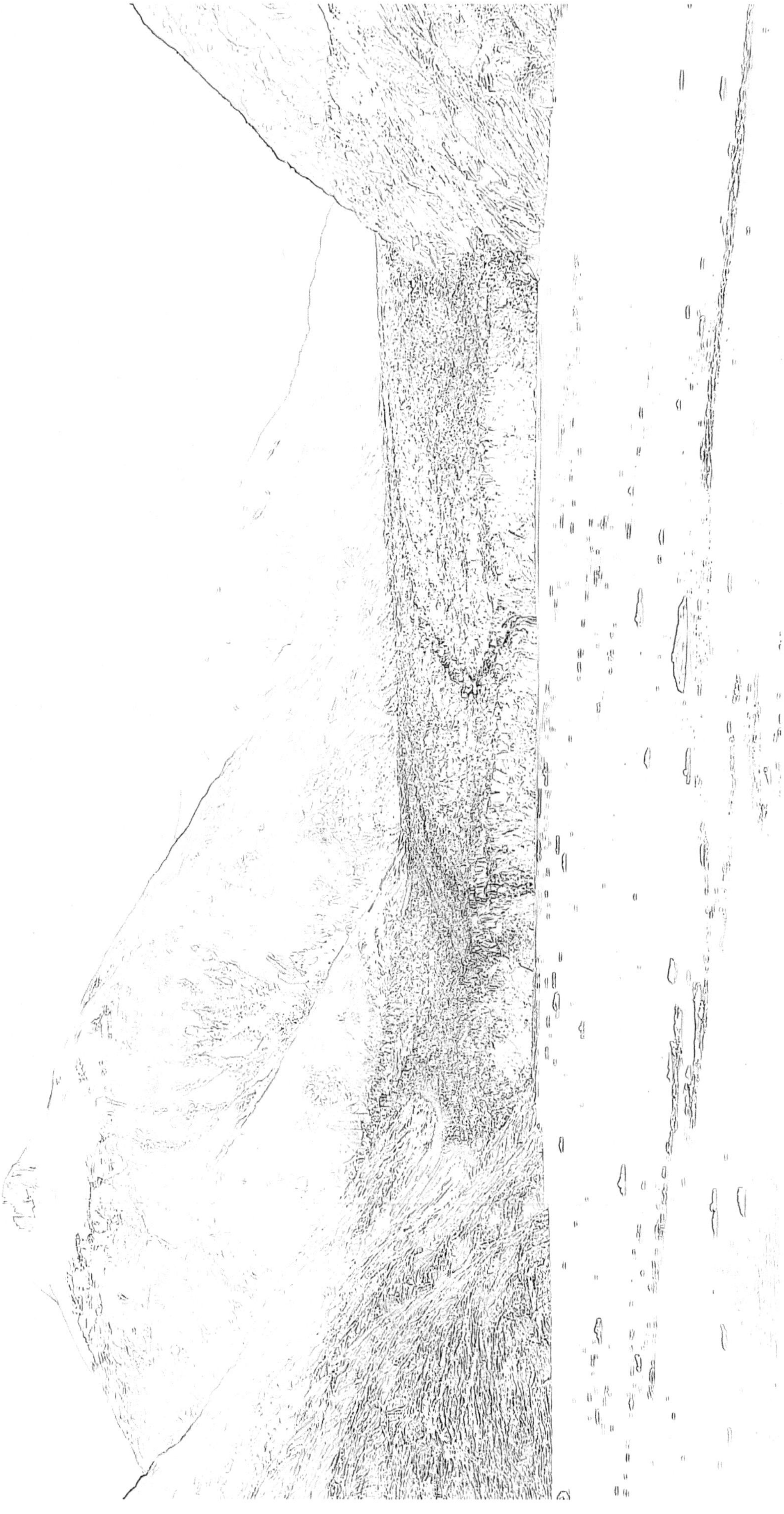

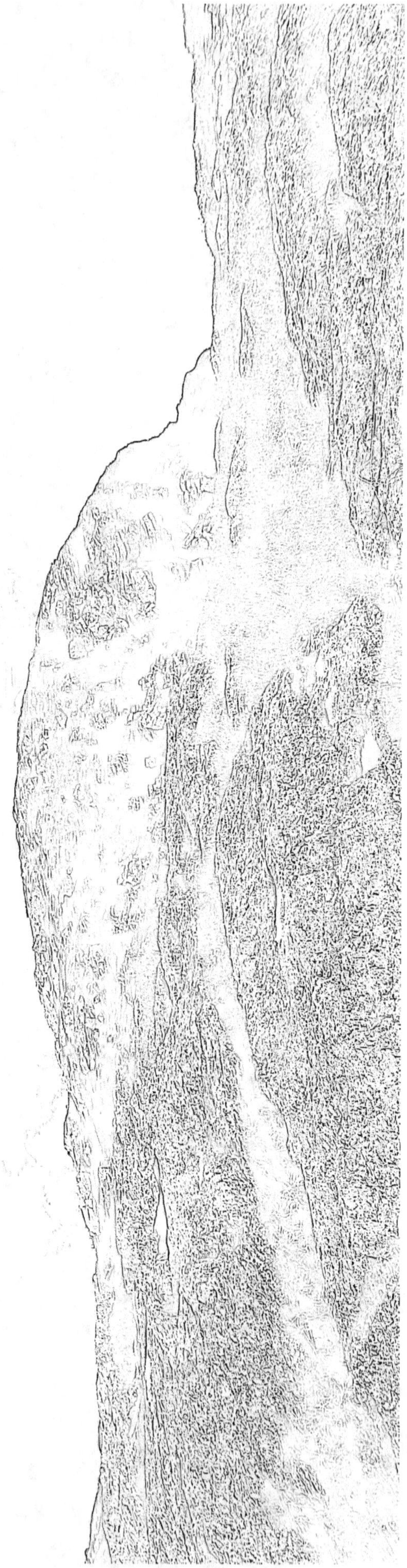

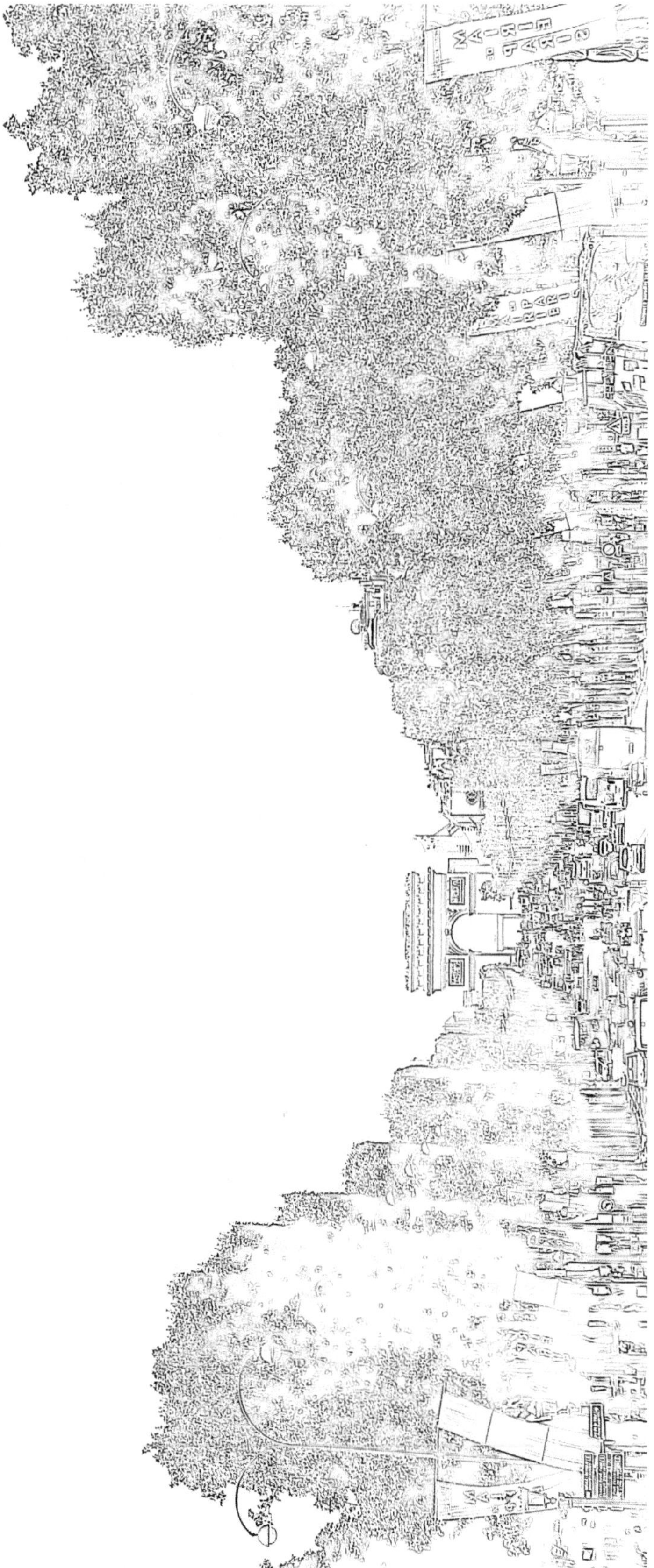

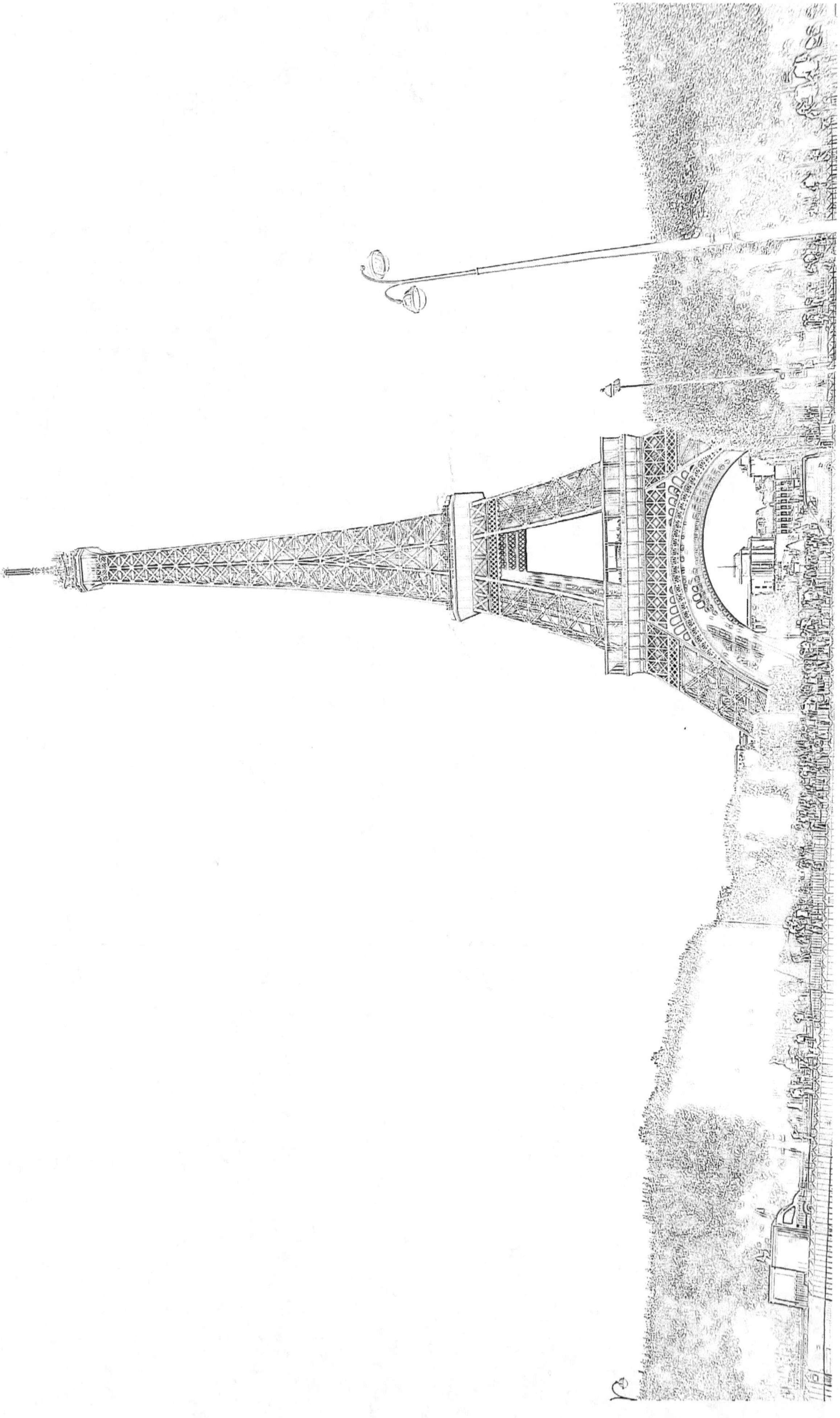

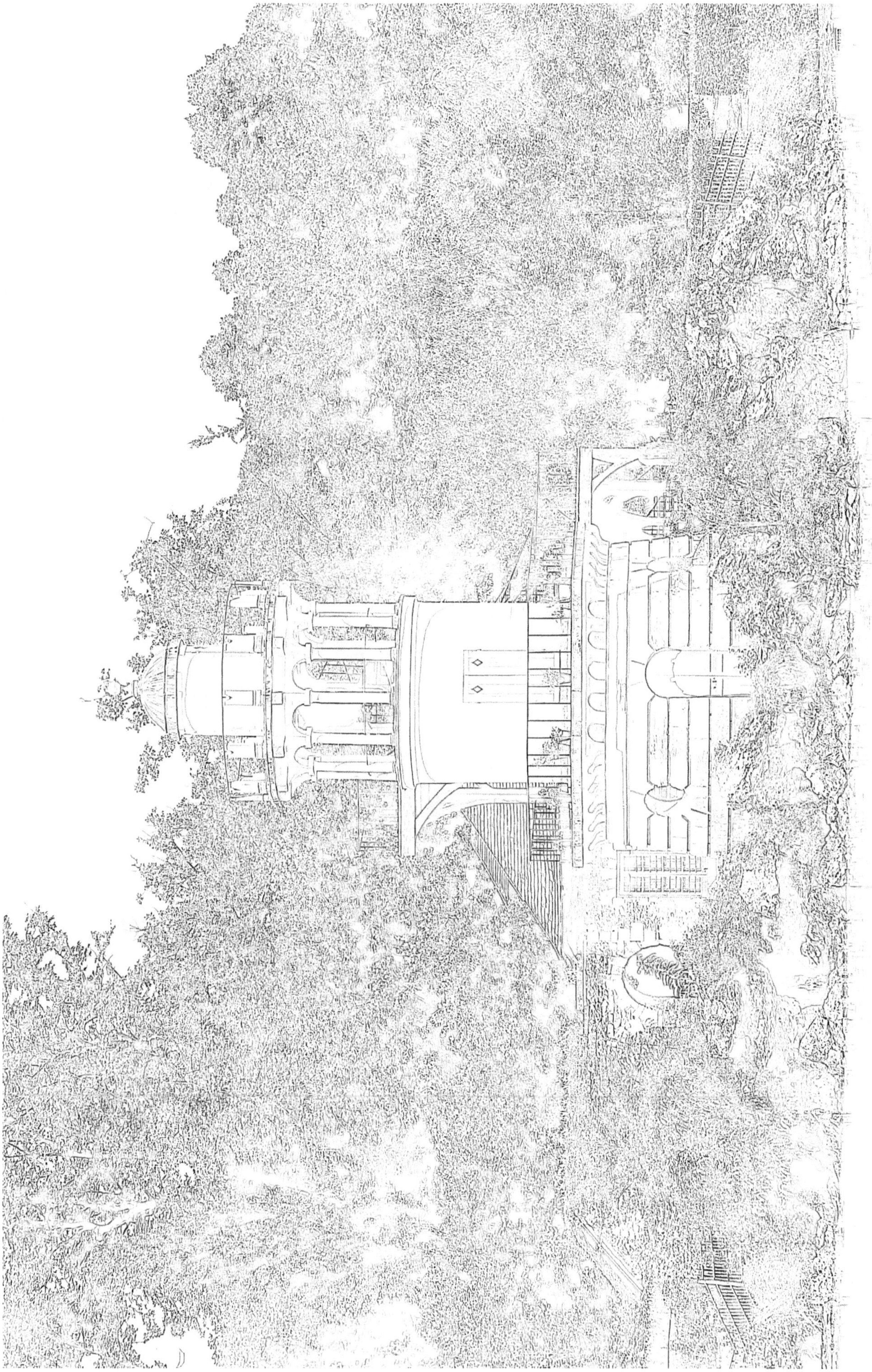

www.ingramcontent.com/pod-product-compliance
Lightning Source LLC
Chambersburg PA
CBHW082230290526
45794CB00009B/3742